UNE

RÉHABILITATION

Histoire vraie,

Par M. A. MILLET.

AMIENS
IMPRIMERIE H. YVERT, RUE DES TROIS-CAILLOUX, 64.

1875.

UNE RÉHABILITATION

I

C'est au théâtre, au roman, à la fantaisie, à l'imagination, que nous demandons la plupart de nos jouissances morales ou intellectuelles. Le cœur et l'esprit, lassés de la monotonie de la vie journalière, aiment les fictions qui les ravissent à eux-mêmes, qui les entraînent à la poursuite d'un dénouement, leur font savourer toutes les péripéties, et les laissent sous l'impression — qui est un charme — de la pitié, de la terreur ou de la joie.

Ces fictions ne sont le plus souvent que des contes à l'usage des grands enfants. Une suite d'évènements s'y déroule au gré de la fécondité de l'écrivain et de la patience du lecteur, et l'on peut dire qu'en gloire d'une part, en profit moral de l'autre, chacun d'eux a peu gagné à ces sortes d'œuvres. On a tué le temps, non quelquefois sans avoir blessé l'honnêteté, mais on a besoin de distractions, d'émotions, de nouveautés... Où trouver tout cela, sinon chez les gens qui en débitent ?

Ce sont les réflexions que je faisais à la lecture de quelques notes retrouvées par hasard dans les papiers d'un vieil et excellent ami, et qui me révélait la plus touchante histoire. Comme réponse à ma question : où trouver l'intérêt, l'émotion, l'enseignement ? Mais partout, autour de nous, si nous savions les voir. Ne vivons nous pas dans l'atmosphère des besoins, des passions, des faiblesses, des fautes, des crimes et du dévouement ? Et quels romans vaudront jamais ces histoires qui commencent, se passent, s'achèvent, sous nos regards inattentifs, et dont les héros, connus de nous, vivent de notre vie, et nous frôlent, pour ainsi dire, à toute heure ! Oh ! quelle bibliothèque dramatique, comique, profonde et saisissante, pour l'observateur et quelle comédie vraiment humaine que celle de tous ces passants ! Mais, je le reconnais, le sujet ne suffit pas toujours, il faut la mise en œuvre, et la véridique histoire que je vais raconter, digne d'intéresser tous les cœurs bons et honnêtes, perdra beaucoup sans doute, par l'inhabileté du narrateur.

II

Les héros n'en sont ni des princesses, ni des hommes à millions, ni des politiques, ni des demoiselles du demi-monde. Ce sont des artisans, de bonnes et simples âmes, un homme dont la vie de labeur et de négoce n'a de soulagement que l'accomplissement du bien, un malheureux tombé qui se relève, rien enfin de qui s'annonce en gros caractères dans les journaux, rien... que ce qu'il faut pour faire briller à l'œil une larme pure, et faire bénir la bonté de Dieu qui, dans un siècle miné, par tant d'égoïsme, sait y faire naître assez de dévouement pour l'y soutenir et l'empêcher de périr.

III

En février 1822, mourut sur un grabat, exténuée de privations et de chagrins, dans une misérable maison de Paris, une pauvre femme laissant quatre petits enfants sans pain, sans asile, sans famille, sans protection. Quelques voisins s'émurent du lamentable spectacle de ces pauvres êtres sanglotant auprès d'un cadavre ; ils les enlevèrent, les conduisirent à l'hospice des enfants trouvés, où, du moins, la charité chrétienne, si elle ne put leur rendre les caresses d'une mère, pourvut à leurs besoins mieux que celle-ci n'eut pu le faire elle-même. Mais ces soins étaient désormais trop tardifs. Atteints en naissant par la misère et déjà condamnés par elle, trois des petits orphelins, succombèrent en trois mois, laissant seule au monde l'aînée d'entre eux, une petite fille de 5 ans, nommé Émilie, née en septembre 1817.

Après peu de temps, Émilie fut, selon l'usage, envoyée en province pour y être élevée. La Providence qui veillait sur elle permit qu'elle fut confiée à une honnête et compatissante femme qui, restée veuve à Ham avec une fille, donnait en outre asile à cinq pauvres créatures comme Émilie, orphelines sorties des hospices, et qui retrouvaient sous ce toit, plus précieux à l'œil de Dieu que les lambris aisés des palais les plus superbes, cette sollicitude, ces soins attentifs, cette tendresse naïve dont Dieu faisait surabonder le cœur de cette humble et digne veuve. Pendant plusieurs années partageant, suivant ses forces et son intelligence, l'austère et sainte vie dont on lui donnait l'exemple, la jeune Émilie se forma dans cette saine atmosphère qui devait fortifier son existence entière. Elle y apprit à bénir Dieu dans la joie et dans l'épreuve ; à gagner honorablement son pain de chaque jour, à prier pour la main charitable qui fournissait ce pain quand l'ouvrage manquait. Neuf ans se passèrent ainsi, neuf belles années d'affection, de soumission, de travail, de calme, neuf années dignes de rappeler l'Intérieur de Nazareth, pauvre, ignoré des puissants de la terre, visité, gardé, aimé par les anges. Émilie avait quatorze ans. Mûrie avant l'âge par la foi, par le malheur, par la réflexion, elle put supporter sans fléchir, la nouvelle épreuve que Dieu lui envoya. La bonne veuve mourut, il fallut quitter cet humble et cher asile de sa première jeunesse, s'arracher des bras de celle qui était devenue une véritable sœur, retomber dans la dure réalité, rentrer à l'hospice, recommencer une vie nouvelle.

Mais, grâce à sa solide éducation, ce changement qui pouvait être si pénible, eut pour elle des facilités inespérées ; adroite, intelligente, pleine de bonne volonté, heureuse d'accomplir avant tout, les desseins de Dieu, la jeune orpheline chargée dans l'hospice d'ouvrages manuels, sut relever ses humbles fonctions par le soin avec lequel elle s'en acquitta et gagna bientôt l'estime et l'attachement des bonnes sœurs qui la dirigeaient. Elle atteignit ainsi ses 16 ans, développant toujours les heureuses qualités qu'avait fait si bien germer sa bonne mère d'adoption, et en 1833, lorsqu'elle fut envoyée à Amiens, chez des sœurs hospitalières, elle y fut avantageusement distinguée par elles et pendant cinq ans, chargée d'emplois de confiance dans différentes maisons où elle est passée.

IV

La Providence est impénétrable dans ses desseins. Par des voies cachées, mais toujours sûres et sages, elle en procure l'accomplissement de la manière et à l'heure qu'elle a fixées. Un fait, dont l'avenir devait montrer l'importance, se produisit à cette époque, dans la position d'Émilie. Aimée, estimée des bonnes sœurs de la Charité qui l'appréciaient de plus en plus, elle dut à leurs recommandations d'entrer en 1835, dans une maison très honorable, — celle de M. D., parent de M. Faber, — où son aptitude de ménagère trouvait à s'exercer dans l'ensemble de la tenue d'une maison, dans le soin du linge et enfin, marque flatteuse de confiance, à la vente même, M. D. étant commerçant.

Voici donc Émilie partie des derniers degrés de la misère et de l'abandon, maintenant pourvue d'une bonne éducation, jouissant de la santé, considérée autour d'elle, heureuse enfin.... c'est-à-dire *presque* heureuse.

Eh ! mon Dieu, oui ! et l'on peut l'avouer sans honte pour la chère enfant. Si le cœur humain est toujours insatiable, on trouvera à ses aspirations un objet aussi légitime que celui qui s'était emparé de la pensée d'Émilie.

Une idée l'avait d'abord effleurée à la vue de ces enfants qui l'entouraient et des lèvres desquels s'échappaient à chaque instant les deux noms de *père ! mère !* Un *père !* Jamais elle n'avait connu le sien et l'aube de sa vie lui apparaissait se levant sur le cadavre d'une infortunée qui était sa mère. Mais qui était son père ? Où pouvait-il être ? Dans quel rang de cette société où elle même commençait à prendre place, devait-elle se l'imaginer ? Qui sait ?... Peut-être le sang de quelqu'un des privilégiés de ce monde coulait-il dans ses veines ? Ce père inconnu peut-être serait-il heureux de retrouver cette enfant si longtemps perdue ; de lui rendre avec usure les marques d'une tendresse dont elle aurait été si longtemps sevrée et, du même coup, de se consacrer à embellir son existence en la comblant de toutes les joies du cœur ! Et si, au contraire, elle devait le retrouver courbé sous le faix d'un malheur, avec quelle ardeur elle se proposait de partager son fardeau, de l'aimer de toutes ses forces. Qu'on ne l'oublie pas, Émilie avait 17 ans ; l'âge des illusions, de l'imagination impétueuse, des désirs naissants, des horizons insondés. La pensée qui ne l'avait d'abord approchée que comme un rêve séduisant et impossible, finit par l'absorber tout entière ; une autre pensée ne tarda pas à lui succéder logiquement : celle de rechercher l'auteur de ses jours, de le trouver à tout prix... mais ici commencèrent à surgir en foule les difficultés qui ne manquent jamais quand des espaces de l'imagination on tombe sur le roc aride de la réalité, quand, faible et seule, on ne craint pas d'entreprendre une grande œuvre, de s'embarquer à la découverte de l'inconnu, sur un océan sans phare et sans bornes.

C'était tenter l'impossible, mais ce qui est impossible aux hommes est possible à Dieu. Ce fut alors qu'apparut dans la destinée d'Émilie celui que Dieu avait désigné, qui devait être l'instrument de sa Providence, le consolateur de l'orpheline, et le sauveur d'une grande infortune.

V

Dans toute la force de la jeunesse, riche des dons les plus précieux de l'esprit et du cœur, invinciblement porté vers le dévouement et le bien sous toutes ses for, mes, non seulement actif, mais infatigable, intelligent-persévérant, sensible, tel était, en 1840, F...., que ses rares qualités avaient fait choisir pour son gendre par M. D.... L'âge en accroissant ses expériences, en étendant ses connaissances, en fortifiant encore toutes les qualités de sa jeunesse, a respecté en lui toute cette sensibilité de cœur, toute cette bouillante ardeur du sacrifice qui fut toujours le trait distinctif de cette nature d'élite. Époux tendre et aimé par une vertueuse compagne, digne de le comprendre, père chéri par ses trois fils qui, dans des voies différentes, pratiquent les nobles exemples qu'il leur a donnés, ami dévoué et dont ne sauraient se séparer ceux qu'il honore de son attachement, négociant estimé, patron respecté, citoyen dont la modestie n'a pu échapper aux distinctions les plus flatteuses de la cité, F...., préludait à une carrière dont chaque pas est marqué par un trait honorable ou touchant, ou plutôt poursuivait déjà cette carrière commencée par lui dès sa plus tendre jeunesse.

Il avait vu Émilie chez M. D...,, son beau-frère, il s'était tout d'abord intéressé à cette jeune fille, honnête et modeste, et plus tard avait ressenti une grande pitié au récit de son histoire. Encouragée par sa bienveillance, Émilie lui confia ses rêves, ses désirs, ses projets. Faber l'écouta avec sympathie. Son âme généreuse et charitable s'identifia avec les aspirations de l'orpheline ; une si belle œuvre à entreprendre et tant d'obstacles à vaincre conquirent à la fois son âme dévouée et entreprenante. Mais de même qu'au moment de partir pour un long et fatigant voyage, le navigateur s'entoure de tous les renseignements propres à le faire parvenir à bon port, Faber, prudent autant que résolu, s'efforça de retrouver quelques vestiges dans les souvenirs d'Émilie, quelques indices si faibles qu'ils fussent pour diriger ses premiers pas. La jeune fille ne pouvait que bien peu compter sur sa mémoire. Orpheline à cinq ans, lorsqu'elle essaya de remonter plus haut le cours brumeux de sa vie, une image assez vague s'y dessina et dans l'ardeur de son imagination, s'y fixa tellement que, sur la description qu'elle en fit à Faber, celui-ci put supposer que le père d'Émilie avait dû être agent de la préfecture de police, à Paris. De plus, il savait son nom qui était N.....

En possession de tels éléments, Faber crut pouvoir espérer une prompte réussite. On était en 1839, au mois de juin. Des affaires de Faber le conduisirent à Paris, il alla à la Préfecture, et s'y informa si, en 1822, un agent de police du nom de N., n'y avait pas été employé. Le cœur un peu ému, il attendit le résultat des recherches auxquelles on se livra, mais pénible déception, on lui annonça qu'il n'y avait sur les registres, aucun agent de ce nom et que ses renseignements étaient erronés. Affligé pour l'orpheline, mais non découragé, Faber lui fit part de l'insuccès de sa démarche, la consola et demanda à Dieu de l'assister dans une entreprise qu'il voulait moins que jamais abandonner.

Émilie était en possession de deux renseignements précieux : elle savait par son livret que le nom de son père était N.... et celui de sa mère P....

Faber ne négligea pas ces indices, et feuilletant le volumineux recueil de l'Almanach du commerce, il y prit note de toutes les adresses correspondantes à l'un de ces deux noms. A un voyage suivant, il se présenta chez les personnes de ce nom, mais vainement encore. Aucune d'elles ne lui ayant répondu affirmativement, tout autre que Faber se fût rebuté, mais cet échec lui était suscité par Dieu pour éprouver sa constance ; et Celui qui l'éprouvait, satisfait de sa charité, l'anima d'une nouvelle ardeur, bien loin de permettre qu'elle se lassât. Pour n'avoir pas réussi, l'idée de Faber était pourtant bonne ; plus tard il sut qu'il s'était présenté, en effet, chez un cousin germain de l'orpheline. Mais celui-ci, récemment marié avec une jeune personne de bonne famille, avait rougi de reconnaître la pauvre abandonnée dont on lui parlait. Troublé par cette sorte de résurrection, il s'était borné à feindre l'ignorance, au lieu de se munir de l'adresse de son généreux interlocuteur à qui il aurait pu écrire secrètement en lui fournissant les indications dont le fil paraissait en si grand danger d'être définitivement rompu.

Faber revint donc encore à Amiens, le cœur un peu triste, surtout pour son intéressante protégée, mais nullement ébranlé par les sourires sceptiques de ceux qui étaient au courant de sa difficile entreprise et qui lui en prédisaient hautement l'impossibilité.

Les obstacles qui fatiguent si vite les cœurs vulgaires ne font qu'enflammer les cœurs généreux. Faber se recueillit, réfléchit, examina les différentes voies où il pourrait de nouveau diriger ses recherches. Émilie avait été déposée à l'hospice des Enfants trouvés. Eh! bien, se dit-il, au fait! Quoi de plus simple? Là est la source où je puiserai avec le plus de certitude mes renseignements.

Voici donc notre infatigable explorateur en route pour a troisième fois. Il arrive à l'hospice, il se présente au greffe, y expose sa demande, espère consulter les registres, afin de savoir où et quand était née Émilie, pensant bien qu'il y trouverait en même temps les noms des témoins présents à la déclaration de sa naissance, que ces témoins seraient sans doute des parents ou des amis, et que l'un d'eux, au moins, serait en mesure de lui fournir quelques éclaircissements. Mais, que le bien est donc difficile à accomplir et de quelles épines est souvent hérissée cette douce et magnifique fleur ! Faber sur le récit qu'il lui fit, fut fort bien accueilli par Mme la supérieure, elle l'accompagna au bureau de renseignements et le recommanda au chef ; mais, soit qu'elle eut prié de le faire, soit qu'on eut réellement besoin d'elle, on vint la demander immédiatement et elle s'excusa, mais d'un air mystérieusement satisfait, en quittant notre ami.

— Je regrette infiniment de ne pouvoir vous faire aucune communication de ce genre, repondit l'employé auquel Faber s'adressait ; cela nous est formellement interdit. Quel coup ! Quelle déception nouvelle ! Et tout en parlant, cédant à un mouvement de curiosité machinale, l'employé avait fait tourner les feuillets, s'était arrêté au nom de l'orpheline, et parcourait d'un œil distrait ces lignes, objet de l'ambition de son solliciteur. Interdit, dévorant des yeux ces documents inabordables, Faber ne pouvait se résoudre à abandonner la place. Blasé sur ces émotions journalières de sa position, l'employé ne s'occupait plus déjà de cet inconnu qui, pour lui, n'avait qu'à retourner sur ses pas... En ce moment... Providence inespérée, trois fois bénie ! un brusque appel retentit, l'employé se lève, disparait... Ma foi ! que celui qui en aura le cœur condamne notre cher Faber !.. Une lueur, rapide comme l'éclair, l'illumine et il avait tout prêt son crayon à la main, il s'approche du livre ouvert, y copie, y dévore les noms, prénoms, dates de naissances des frères et de la sœur d'Émilie... Et rempli de joie, son heureux larcin consommé, lorsque l'employé revint, inflexible comme la loi, sur son siége, il réitère quelques instances inutiles et prend congé de lui tout rayonnant de joie. De la barrière d'Enfer au Tribunal civil, notre ami ne fit qu'un saut ; quelques instants après, il était en possession des actes de naissances qu'il lui importait d'avoir, et par précaution y avait ajouté l'acte de décès de la mère dont il avait présumé la date par celle de l'entrée à l'hospice de ses pauvres enfants.

Un philosophe déclare que s'il est excusable à l'homme, chétif animal, de ressentir un mouvement d'orgueil, c'est au moment qui suit une victoire. Je n'oserais assurer qu'une pointe de fierté ne se glissât pas dans l'âme de notre ami, lorsqu'il se vit, après tant d'efforts stériles, enfin en possession d'un résultat si important.

Inutile de dire que Faber, juste appréciateur du temps, n'en perdit pas pour recueillir les fruits de sa victoire. Le cœur plus léger, qui sait ? peut-être un peu gonflé de présomption,— ne sommes-nous pas tous faibles par certain endroit et en certain moment — Il se mit en quête de ces témoins qui devaient faire revivre ce passé d'Émilie si mystérieux, si obscur. Hélas ! il y perdit bien des pas, bien des paroles, bien des espérances. Choisis parmi des personnes déjà âgées, tous ces témoins étaient morts. La tombe recouvrait encore ce secret que la destinée ne paraissait décidément pas vouloir révéler, et ce fut avec un nuage sombre dans l'âme qu'il dût revenir à Amiens.

VI

En vérité, il y avait de quoi lasser la persévérance elle-même. Tout homme moins fortement trempé que Faber eut senti sa foi chanceler et, pouvant se rendre la justice d'avoir fait tout ce qu'il était humainement possible de tenter, se serait cru en toute tranquillité de conscience, pleinement dégagé d'entreprendre davantage. De l'idée d'une telle défection, Faber ne fut pas même effleuré. — Nous avons échoué de ce côté, pensa-t-il, nous verrons d'un autre. — Ces sortes de natures sont rares autant qu'admirables. Flexibles et solides comme un fin acier, quoi qu'on fasse, elles ne sauraient garder d'autre pli que le leur et se redressent d'autant plus irrésistiblement qu'une force supérieure est parvenue à les courber pour quelques instants. Faber se mit donc, comme on dit, la tête entre les mains, et récapitula la somme des renseignements qu'il pouvait disposer en jalons sur la nouvelle route de découvertes qu'il se proposait d'entreprendre. Il connaissait le nom de la mère et celui du père ; il avait des dates précises ; il savait que le père avait dû être tailleur et demeurait à une certaine époque rue de la S... Eh ! mais, après être parti de rien, était-ce donc avoir perdu son temps que d'en être arrivé là ? Un sourire de satisfaction éclaircit son bon visage, un soupir d'espoir s'exhala de sa poitrine. Allons, dit-il, Dieu m'éclairera, en avant !...

Pour la quatrième fois, il repartit à Paris, en exploration. Il arrive à l'ancienne maison de N. ; il en interroge tous les locataires, mais dans cette population nomade de Paris, comme on pouvait s'y attendre, aucu- d'eux n'y résidait depuis assez longtemps pour avoir connu N....

Allons, dit Faber, la rue n'est pas si grande : visitons-en chaque maison. Que d'escaliers sombres, humides, étroits, gravis, presque dégringolés, non sans périls ! Que de portes fermées, entr'ouvertes pour laisser passer, comme une bouffée de mauvaise humeur une brève réponse négative ou bien encore d'inutiles et insipides réflexions. Pauvre Faber ! Le cœur tenait toujours bon, mais ses jambes, quoiqu'il eut un jarret d'acier, commençaient à protester. Il allait, il allait toujours, montant, descendant. Qui viendra nous parler des ascensions au Mont Blanc après ces montées mémorables !...

— M. N.... ? Connais pas, monsieur ; y a-t-il longtemps qu'il est dans le quartier ?

— Mais, madame, il y a bien des années qu'il ne doit plus l'habiter ; il y demeurait, à tel numéro, en 18...

— Ah ! ah ! Attendez-donc... Je pense à quelque chose... Si vous voulez aller en face la Morgue, chez une sage-femme dont vous verrez l'enseigne, sa mère a habité, il y a bien longtemps, la maison dont vous parlez, elle pourra peut-être vous renseigner.

— Ah ! merci bien, madame !

— Il n'y a pas de quoi. Bonjour monsieur.

— Encore une palpitation.

Notre ami met ses jambes à son cou. Il vole, il arrive, il frappe, on lui ouvre, il expose le but de sa visite.

— Mon Dieu, monsieur, ma mère est extrêmement âgée, répond la dame, et sa mémoire troublée ne vous fournirait que des renseignements très vagues.

Faber ne peut se contenter de cette défaite. On le comprend sans peine, discrètement, mais d'une manière pressante, il insiste, il émeut la dame.

— Eh bien, monsieur, dit-elle ; veuillez me laisser votre adresse. Je saisirai un des moments lucides de ma mère, et aussitôt que je saurai quelque chose de ce qui vous intéresse, j'aurai l'honneur de vous en faire part.

Faber remercie, prend congé, retourne joyeux à ses affaires, car chez lui, les bonnes œuvres s'accomplissent largement sans préjudicier à ses devoirs. Près de quitter Paris, il va encore remercier l'obligeante dame.

— Je n'ai pas perdu tout espoir de vous renseigner, lui dit-elle, je n'ai pas connu N...., mais je crois qu'il a eu dans le temps quelque fâcheuse affaire. Ce qu'il y a de certain, c'est que je rencontre quelquefois une dame que j'ai souvent vue dans sa maison et qui doit être sa parente. Dès que je saurai son adresse, je vous en informerai.

— Décidément, le ciel, si obscur jusqu'ici, s'éclaircissait. Forcé de retourner à Amiens, Faber fit allègrement la route. Quelque chose lui disait qu'un coin du voile allait être soulevé, et ce fut avec une certaine impatience qu'il attendit l'occasion d'un nouveau voyage à

Paris qui du reste, se présenta bientôt. C'était le cinquième.

Faber invoque l'aide de Dieu : il appelle sa bénédiction dans ses efforts ; il se dirige chez la bonne madame G....

Celle-ci était triomphante. Elle avait retrouvé la famille de la mère d'Émilie ; et, à défaut de celle du père, c'était déjà un beau succès. Faber se mit aussitôt en rapport avec ces parents fort bien disposés pour l'orpheline sur le témoignage de notre ami. On voulut la voir. Faber promit de l'envoyer, il s'en occupa sans retard, et l'heureuse Émilie, reçue à bras ouverts par ses parents, vint passer un mois auprès d'eux, et ne les quitta qu'avec de nombreuses marques de leur affection et le cœur bien consolé d'avoir enfin une famille.

VII

Ce fut là pour le bon Faber une bien douce récompense ! Ceux à qui Dieu a fait le don de la charité en comprendront la suavité incomparable. Quelles actions de grâces il rendit à l'auteur de tout bien qui avait daigné le faire l'heureux instrument de sa miséricorde, et quelle part profonde il prenait au bonheur de sa protégée, mais pourtant, malgré ce succès inespéré, magnifique, son noble cœur n'était pas pleinement satisfait. Il sentait que cette tâche qu'il avait si courageusement entreprise, n'était en définitive qu'à demi remplie. Émilie avait retrouvé la famille de sa mère, mais son *père*, l'objet de ses premiers rêves, où était-il, qui le lui rendrait ? A cet égard, les parents maternels ne savaient que dire. Ils ne l'avaient jamais fréquenté et avaient fini par le perdre tout à fait de vue. De ce côté donc, les nuages s'amoncelaient de nouveau ; l'inconnu disparaissait encore insaisissable derrière les ombres. Que faire ? Faber leva les yeux au ciel, et dit : je n'en sais rien ; mais Celui qui sait tout, m'inspirera.

Il poursuivit le cours de ses affaires, attendant quelque suggestion favorable à l'idée qu'il examinait, méditait sans cesse.

Un jour, il se trouvait à la Banque de France, et je ne sais comment, vint à parler de ses recherches à un employé de cet établissement.

— Eh ! mais, répondit celui-ci, nous avons eu ici une personne qui portait le nom de N..... Son gendre est même encore à la Banque.

— Pourrai-je le voir ? demanda Faber.

— Mais très-facilement...

On fait venir l'employé, notre ami le prend en particulier, lui fait part de ses recherches, de son embarras et, en réponse apprend, séance tenante, que la conduite de N.... était loin de rendre sa femme heureuse à l'époque de la mort de celle-ci ; que la famille, honteuse d'une condamnation qu'il avait subie, ne s'était plus occupé de lui et qu'enfin on pensait que les enfants étaient morts comme leur mère.

Alors Faber, reprenant l'histoire d'Émilie à son début, la raconta à son auditeur attendri et émerveillé. C'était un bon cœur. Enchanté de retrouver une cousine qu'il pensait perdue depuis longtemps, M. L.... s'empressa d'annoncer cette bonne nouvelle au reste de la famille, avec laquelle il mit Faber en rapport. Alors notre ami, eut occasion de revoir ce cousin chez lequel il s'était présenté autrefois. On peut aisément se figurer la confusion de ce dernier, qui ne savait comment s'excuser de sa blamâble conduite. Non moins bonne que son mari, madame L.... comblant Faber de remercîments, lui remit eu outre, pour sa cousine, de l'argent et des vêtements et voulut la posséder quelque temps auprès d'elle. Émilie vint donc passer quinze jours avec ces bons parents chez qui elle fut fêtée, choyée, enivrée, heureuse enfin... heureuse si la pensée de son père, comme un point noir dans un pur horizon, n'était venue faire tache dans cette joie profonde.

VIII

Tout satisfait qu'il fut à certains égards, notre bon Faber ressentait une étrange peine. Grâce à Dieu, qui avait béni ses efforts, il était venu à bout de la partie la plus difficile de sa charitable entreprise. Émilie rentrée en possession de ses famille paternelle et maternelle devait à son bienfaiteur une reconnaissance infinie et pouvait, à la rigueur, calmer, comme exagérés, les désirs qu'elle avait pu concevoir autrefois, concernant la découverte de son père désormais introuvable...

Tant d'années s'étaient écoulées ! Il était mort sans doute. A quoi bon remuer encore ciel et terre pour en arriver à constater simplement cette immense probabilité !

Faber laissait avec intention ce sujet délicat sous silence. Avec un tact exquis, prévoyant quel poison amer la découverte de la flétrissure de son père jetterait dans l'âme de cette jeune fille si fière de se voir accueillie par deux familles également honorables, il conservait dans son cœur un secret si douloureux, espérant que la Providence, notre sage maîtresse, et le temps, ce grand donneur d'occasions, lui fourniraient quelque moyen d'apprendre à sa protégée la vérité par degrès.

En attendant, Faber n'était pas homme à s'endormir sur une demi victoire. Il était de retour à Amiens, il alla voir son Préfet et le pria d'écrire à Paris pour savoir ce qu'était devenu N....

La réponse fut immédiate ; elle apprit que N...., condamné à Paris, à la peine des travaux forcés à perpétuité, avait été dirigé sur le bagne de Brest, où il subissait sa peine sous le n°.

Quel coup ! Quelles angoisses !... Ainsi tant de désirs, de travaux, de mécomptes, de fatigues ! Et tout cela pour en arriver à découvrir, à exhumer pour ainsi dire, un *forçat* depuis longtemps mort au monde et qui n'y pourrait être que l'opprobre de sa famille !...

Ce forçat est un homme, et un homme malheureux à coup sûr, un homme repentant peut-être. S'il a péché, il a rudement expié. Flétri aux yeux des hommes, peut-être a-t-il trouvé grâce auprès du souverain et seul juste

Juge ! Et enfin, ses fautes, ses crimes, ne peuvent empêcher qu'il ne soit le père d'Émilie..,

Nous verrons, nous verrons !... murmura le brave Faber. Dieu ne nous a pas si bien aidés jusqu'ici sans avoir ses desseins, et s'enveloppant dans sa pensée comme dans un manteau impénétrable, il se mit à réfléchir à la suite qu'il convenait de donner a son entreprise.

Quelques mois s'écoulèrent. En mai 1841, les affaires de Faber le conduisirent de Paris à Orléans ; pour de là commencer un voyage sur la Loire jusqu'à Nantes et de là à Bordeaux. Il pensait toujours àl'infortuné N.... Il ignorait l'objet de sa condamnation, toutes les recherches à ce sujet ayant été infructueuses, il ignorait également comment se comportait ce malheureux dans ses fers et, quoiqu'il eut déjà pensé à lui écrire, il hésitait à le faire par une louable prudence, dans le cas où N. eut été indigne d'intérêt. Enfin, tout bien pesé devant Dieu, il crut devoir s'y décider. Il lui écrivit donc et l'informa du sort de ses enfants, dont trois étaient morts, et dont une survivante était en bonne position ; que cette dernière n'habitait ni Paris, ni Orléans, que plus tard, si le commissaire du bagne rendait bon témoignage de sa conduite, l'adresse de sa fille lui serait révélée. Faber ajouta quelques détails de ce qui avait été fait pour retrouver les deux familles, et termina en lui exprimant l'espoir de pouvoir obtenir quelque commutation de sa peine s'il se conduisait bien au bagne.

Faber poursuivit son itinéraire, et descendit la Loire

jusqu'à Nantes. De Nantes à Brest, la distance n'est pas énorme, surtout quand le cœur vous pousse bien fort. Ma foi, fit-il peu ou prou de réflexions, je l'ignore. Toujours est-il qu'un beau jour notre digne ami changeant de direction, se trouva à Brest, puis au bagne où il courut, sans délai chez monsieur l'aumônier et chez le commissaire de N., s'informer de sa conduite, de la possibilité de le voir. De l'un ou de l'autre, il reçut l'accueil que méritait son noble dévouement ; on se mit à sa disposition, en l'assurant que son protégé d'un caractère doux et tranquille n'avait, en 18 ans de captivité, donné lieu à aucune plainte, n'avait encouru aucune punition et méritait d'autant mieux qu'on s'occupât de lui, qu'ayant fourni des preuves de ses bons sentiments en sauvant au péril de ses jours, deux de ses chefs en grand danger, sa condamnation à perpétuité avait été, le 29 novembre 1835, commuée et réduite à 8 ans.

Faber leur fit le récit des évènements qui précèdent. Brièvement il peignit à grands traits l'abandon de l'orpheline, sa jeunesse, ses diverses épreuves, ses rêves et leur réalisation partielle, les mille difficultés surmontées, celles qui existaient encore au moment où il leur parlait. Il sut les toucher, les attendrir et que fallait-il davantage pour cela que l'exposition simple et naïve d'une pareille histoire ?

Ces messieurs proposèrent à Faber de faire venir N., mais il fut convenu que notre ami passerait, pour l'instant, pour un inspecteur des bagnes ; que, sans se faire autrement connaître, il interrogerait N., qu'il en jugerait par lui-même afin de pouvoir en toute connaissance de cause, s'occuper de solliciter sa grâce.

IX

Quel pas immense ! Quel triomphe de la volonté, docile aux inspirations de Dieu, sur les obstacles qu'il ne suscite pas pour nous arrêter mais pour nous éprouver !

Les réflexions se pressaient en foule dans l'esprit de Faber. Il était ému, son cœur battait... En ce moment entra N., ou comme on dit au bagne, le n°. Il était en chaîne brisée. Faber fit un violent effort sur lui-même et, refoulant son attendrissement, se mit à l'interroger sèchement, brusquement, comme il est ordonné de parler à ces malheureux.

— Comment vous nommez-vous ?

— Que faites-vous au bagne ?

— Quand avez-vous été condamné ?

— Quelle profession exerciez-vous avant votre condamnation ?

— Où demeurez-vous ?

— Êtes-vous marié ?

A toutes ces questions, humble et craintif, N.... répondait d'un ton calme et modeste.

Mais quand poursuivant le cours de son interrogatoire, Faber lui demanda s'il avait des enfants :

Ah ! monsieur, s'écria l'infortuné en fondant en larmes, j'en avais quatre ; mais une lettre d'un protecteur inconnu m'informe qu'il ne me reste plus qu'une fille !...

Hélas ! Je ne sais où elle est, et j'ai perdu l'espoir de jamais la revoir !... Ah ! monsieur, quelle douleur et je n'ai pas même la consolation de pouvoir remercier ce généreux protecteur de ma fille... de pouvoir lui transmettre mes bénédictions !...

Incapable de répondre, dominé par l'émotion, Faber cherchait à dissimuler le trouble profond que lui inspirait cette scène touchante, mais tout d'un coup, l'aumônier étendant les bras vers notre ami : N...., s'écrie-t-il, regardez-le ; le voici ce protecteur inconnu ; remerciez-le, déchargez votre cœur !...

Oh ! quel spectacle inénarrable !

Le malheureux N. se précipite aux genoux de son bienfaiteur, sanglotant, jetant des mots inarticulés... Personne ne peut plus se contraindre ; l'attendrissement fond toutes ces âmes, les pleurs se confondent, le silence n'est interrompu que par des soupirs...

Pouvait-il conserver davantage ses fers infâmants, l'infortuné qui avait su inspirer un si vif intérêt ? Faber supplia qu'on voulût bien l'en délivrer et obtint aussitôt cette faveur. Puis on les laissa ensemble et voici ce que notre excellent ami recueillit de la bouche même du père de l'orpheline.

X

Monsieur, il est juste de confesser que nous ne sommes que trop souvent les propres artisans de nos malheurs. Ce que nous avons semé, nous le recueillons et vous avez devant vous un triste et frappant exemple de cette loi sage du bon Dieu.

Que me manquait-il autrefois pour être aussi heureu[x] qu'on peut l'être dans ce monde ? Dieu m'avait donn[é] une bonne épouse, une bonne santé et un bon éta[t]. Combien d'autres ont prospéré dans ces conditions favo[-] rables ! Mais sans être débauché, j'avais une inclinatio[n] pour perdre du temps au cabaret, pour m'y réunir ave[c] quelques flâneurs, y boire, y jouer avec des homme[s] tarés, des individus de mauvais aloi, y gaspiller enfi[n] des heures dont le produit eut été si utile à ma famille[.] Et d'autant plus à blâmer en cela que d'un caractère naturellement doux et pacifique, je m'échauffais facilement par la boisson et qu'alors je n'étais plus, en aucune façon, maître de mes actes.

Pendant plusieurs années, ma pauvre femme su[t] empêcher mon vice de m'envahir entièrement. Grâce à elle, nous connûmes une certaine aisance et mes goûts de cabaret n'étaient encore qu'une menace plutôt qu'un péril et un fléau permanents. Mais peu à peu la passion prit le dessus ; bientôt elle l'emporta tout à fait. Combien j'ai sujet d'en rougir, à la mort de ma femme, j'y étais livré pieds et poings liés. Abandonnant mes affaires et le travail, je me plongeai dans une vie de misère et d'ivrognerie qui me fit perdre l'estime de tous les honnêtes gens. Je remplaçai leur connaissance par celle de gens abjects qui partageaient mes désordres, me laissant ainsi de plus en plus entraîner par le torrent, qui me conduisait vers l'abîme où je devais être englouti un jour, — jour néfaste ! Suivant ma déplorable habitude, je m'étais attardé dans un cabaret, je m'y étais nivré. — Avec moi, me tenaient tête, deux compagnons de la pire espèce, deux repris de justice. Entre un passant. Il était convenablement vêtu, comme un honnête marchand de la banlieue ou peut-être un bon et simple bourgeois. L'un de mes acolytes s'approche du survenant, lui vante avec emphase les propriétés merveilleuses d'une certaine eau à détacher les habits, décide le confiant inconnu à dépouiller son vêtement, à le lui remettre en mains... Ouvrant alors brusquement la porte, mon voleur et son associé s'enfuient avec leur proie, tandis que la victime d'abord interdite s'élance à leur poursuite, criant, appelant au secours... En ce moment la rue était déserte. Ce ne fut pas le secours qui vint à la victime, mais ses deux ravisseurs qui, se retournant sur ce pauvre homme, tombèrent sur lui avec violence et essayèrent de l'assommer.

Tout cela ne s'était pas fait sans bruit, on avait couru chercher la garde, l'un des voleurs avait été arrêté, l'autre avait pu parvenir à s'échapper, inaperçu dans la bagarre. Cependant il fallait le complice ; il y avait deux voleurs, suivant la déclaration de la victime. On vint au cabaret, on me reconnut ; on me convainquit de faire partie de cette bande. Eh ! comment me serais-je justifié, malheureux abruti que j'étais. Au reste, sans m'en laisser le temps, on m'entraîna rapidement, trop alourdi par la boisson pour ressentir toute ma honte, mais non assez pour ne pas comprendre les menaces de m'assassiner que chemin faisant, me proférait à voix basse mon infâme compagnon si je révélais son autre complice. Et il en était et en est toujours capable, monsieur. Il est entré au bagne avec moi. Toujours aussi méchant, toujours aussi dangereux : jamais il n'a mérité le moindre adoucissement à sa peine. Enfin, qu'ajouterai-je ? Nous fûmes jugés. Mon prétendu complice avoua son crime et la part qu'il prétendait que j'y avais prise.

Paralysé par la peur, je ne sus que dire pour ma défense. Ma famille qui eût pu me venir en aide, dégoûtée de moi m'abandonna : je fus condamné, monsieur, condamné aux travaux forcés à perpétuité, pour complicité de vol avec violence, la nuit dans une maison habitée ; je fus marqué à l'épaule gauche des lettres T. F. J'ai déjà passé 18 ans au bagne et si cette longue expiation peut être considérée comme la juste punition de mes anciens désordres, je le jure devant Dieu, je suis du moins, innocent du crime que l'on m'impute. N.... s'arrêta ; un ruisseau de larmes inondait son visage. Vaincu par de poignants souvenirs, écrasé par l'affreuse réalité, il sentait la parole expirer sur ses lèvres... A quelques pas de là s'agitait la triste population du bagne ; les fers résonnaient avec un bruit sinistre sur les larges dalles ; hâves, courbés dans leur ignominie, abattus ou farouches, les forçats regagnaient par escouades le lieu du repos... du repos ! Amère dérision ! Étendre sur une couche si dure ses membres enchaînés, être ainsi rivés dix hommes ensemble couverts de leurs seuls vêtements, ou, par récompense, d'une même couverture ! Si du moins, le repentir eût approché de leurs chevets ! Même dans les fers, l'âme réconciliée avec son Dieu peut goûter la paix. Mais à quoi comparer ce sombre amas de toutes les turpitudes, de toutes les rages, sinon à l'Enfer lui-même ! Que d'horreurs vomies à la face du ciel, quelle fureur sauvage contre le rare forçat qui, comme N., ne partagea pas leur impiété frénétique !

Faber apprit tout cela plus tard. Ce premier jour, était bien rempli. Donnant donc au malheureux N. quelques paroles de consolation, il s'en sépara à regret, en lui promettant de le revoir. Pendant trois jours, fidèle à sa promesse, notre ami vint apporter la joie et même quelque espoir au cœur du bon forçat : celui-ci ne pouvant se lasser de lui parler de sa famille, de sa fille, de sa fille surtout, Faber admirait de plus en plus la puissance efficace de notre divine religion qui avait ainsi régénéré cette âme en si grand danger de se perdre, et reconnaissait à chaque instant dans le discours de N., le fruit des bons conseils et des instructions du vénérable aumônier du bagne. Cette aventure extraordinaire y avait eu un grand retentissement, comme il est facile de le croire, et la modestie de notre ami eut fort à souffrir du prestige qu'il en avait acquis aux yeux de cette foule misérable. Chacun le reconnaissait, le désignait dans les diverses parties du bagne ou l'entourait avec curiosité ; et sa présence, provoquait dans des âmes depuis longtemps désespérées des rêves qui semblaient n'y devoir jamais naître — tant nous sommes avides du bonheur ; tant notre main s'y cramponne où s'étend, même vers son ombre — jusqu'au dernier souffle de notre vie !

XI

Faber revint à Paris. Sans perdre un instant, il commença les démarches les plus actives afin d'obtenir la grâce de X.. Malheureusement la liste des grâces accordées pour la fête du roi est limitée à un certain nombre de noms. Elle se trouvait complète. Impossible de rien obtenir avant l'année suivante. Il fallut offrir ce pénible retard à Dieu et notre ami sut le faire accepter avec résignation par celui qui en souffrait le plus.

Tout en étant le si merveilleux instrument de la Providence auprès du père, notre charitable héros se gardait bien de négliger sa fille. De concert avec les bonnes sœurs de la charité, il l'entourait au contraire de la plus bienveillante, de la plus soigneuse vigilance, et croyant rencontrer un changement avantageux pour elle, il l'autorisa à sortir de la maison de son parent pour entrer comme femme de chambre dans une des plus riches familles des environs d'Amiens.

Les commencements de cette nouvelle position furent des plus agréables. Les qualités d'Émilie conquirent immédiatement les suffrages de madame de X.. et la jeune fille crut pouvoir s'applaudir de n'avoir quitté une maison qu'elle aimait que pour entrer dans une autre maison où elle trouvait les mêmes sujets d'attachement. De son côté, madame de X. témoignait par ses bontés, à la jeune fille, combien son service lui plaisait.

Elle la conduisit à Paris, lui fournit l'occasion de revoir encore sa famille et tout enfin paraissait aller pour le mieux. Mais bientôt Émilie ne tarda pas à s'apercevoir combien les seules qualités humaines sont insuffisantes à combler le vide produit par la différence de sentiments et combien est difficile le rapprochement entre des âmes qne n'unit pas une même foi.

Émilie avait des habitudes de piété trop profondément enracinées, le cœur trop bon, des motifs de reconnaissance envers Dieu trop particuliers et trop grands, pour rien sacrifier de ses devoirs religieux. On parut d'abord respecter ses scrupules ; on lui laissa voir ensuite qu'ils s'accommodaient assez mal avec la vie mondaine du château, et tout en lui accordant en apparence toute liberté à cet égard, on lui fit bientôt sentir la pointe incessante de railleries qui la blessaient d'autant plus douloureusement qu'elles s'attaquaient, moins à elle-même qu'à l'objet de sa plus profonde vénération. Cependant la pieuse enfant s'arma de patience. Elle avait été recommandée à madame de X., elle aurait craint d'affliger ses protecteurs en quittant sa maison ; elle espéra, comme toujours, que Dieu lui serait en aide.

Sur ces entrefaites, le fils de madame de X., absent depuis quelque temps, revint chez sá mère, en compagnie de quelques jeunes gens de son âge. Émilie attira presque aussitôt son attention. Sans avoir de beauté, la jeune fille possédait en effet des traits réguliers, vifs, et que relevait d'une façon charmante un air modeste et avenant. Le jeune monsieur de X. n'était pas méchant, sans doute, ni même corrompu, peut-être ; mais sans sévères principes religieux, entraîné par la fougue de son âge, désœuvré, il trouva tout naturel de chercher à séduire une jeune fille *sans conséquence*, et commença, pour y parvenir, à lui offrir quelques présents. Émilie sentit instinctivement la grandeur du péril. Effrayée, elle refusa nettement et s'appliqua désormais à fuir toutes les occasions d'être seule en présence d'un homme si dangereux pour son honneur. Mais sentant bien qu'un pareil état de choses devait durer le moins longtemps possible, elle s'empressa d'en faire la confidence à Faber. Celui-ci vit qu'il n'y avait pas à hésiter. Sur son avis, Émilie, heureuse de son sacrifice, remerciant Dieu de l'avoir protégée dans le plus grand danger qu'elle avait jamais couru, quitta sans le moindre regret l'opulente vie du château de X., pour demander, en attendant des jours meilleurs, à sa laborieuse aiguille, le soutien de sa pure existence.

Ce devait être la dernière grande épreuve de la jeunesse de cette digne enfant. Dieu lui préparait une récompense digne de sa vertu et de sa chaste tendresse. Au mois de mars de l'année 1842, Émilie eut occasion de connaître, d'estimer un brave jeune homme, honnête ouvrier, et se dévoua à son bonheur. Épouse accomplie autant que fille vertueuse, tous les vœux de ses protecteurs et de ses amis appelèrent les bénédictions du ciel sur une union qui les remplit de satisfaction.

XII

Tant de joie ne pouvait faire oublier qu'un infortuné gémissait dans les fers. Par une louable mesure de prudence, il avait été arrêté qu'on laisserait M...., le mari d'Émilie, dans l'ignorance de la triste destinée de son beau-père ; on se réservait d'aviser après sa libération.

Un mois après le mariage, le moment venait où l'on commençait à s'occuper de dresser les listes de grâces. Faber recueillit toutes ses forces, car il s'agissait de frapper le grand coup. Toutes ses batteries étaient prêtes ; il ébranla tout en même temps. Sollicitant sans jamais se rebuter, harcelant son préfet, son député, tous ses amis influents, courant, se multipliant, il parvint enfin à obtenir auprès de la reine si clémente une protection toute particulière. Notre ami n'eut plus qu'à entonner le sublime chant des anges : *Gloria in excelsis Deo* et quelques jours après par son ordonnance du 9 août, grâciant N...., une auguste bouche sembla répondre : *et in terra pax hominibus bonæ voluntatis !*

N.... était libre, N.... était sauvé !... Faber a cela de précieux qu'il pense à tout. Il se trouvait à Paris, en ce moment, il se dit : N.... saura sa grâce avant personne. En grande hâte donc, il écrit à son protégé quel immense bienfait a été accompli en sa faveur ; plus rapide que les communications officielles, la lettre parvint à N..... qui fut ainsi informé même avant ses chefs, de ce bonheur inexprimable qu'il doit à notre ami.

Quelques jours après, parvint à Brest l'ordre de mettre N.... en liberté. Quoiqu'il s'y attendit, l'heureux libéré ne pouvait y croire. La liberté ! Sa fille ! Après une expiation de 19 années ! Le désir ardent et le légitime espoir de regagner l'estime d'une société qui l'avait si sévèrement rejeté de son sein ! Oh ! quelle force, quelle vigueur de jeunesse il sentait en lui pour entreprendre la grande œuvre de sa régénération ! Mais il ne peut attendre davantage ; il veut voir, il veut embrasser cette enfant, ce protecteur, cette famille... Il fait ses adieux au bon aumônier qui le bénit, à ses chefs qui partagent sa joie, il jette un dernier regard sur ce triste lieu de souffrances, il part... Qui dira ce qu'une volonté énergique, ce qu'une idée dominale peuvent communiquer de forces à notre corps débile. Détenu depuis 19 ans, usé par mille souffrances morales et physiques, portant le poids de 61 ans, N.... part sans avoir reçu les fonds que notre bon Faber lui avait généreusement envoyés pour faire sa route, il marche, il marche, franchissant 80 kilomètres par jour, enfin il arrive à Amiens, un dimanche après-midi, ayant dévoré 120 kilomètres sans se reposer !...

Comment raconter l'entrevue du père étouffant de bonheur, de cette tendre fille transportée de voir enfin ses vœux les plus chers accomplis ! N...., humiliant ses cheveux blancs, s'agenouillant aux pieds de sa fille, lui demandant grâce pour les épreuves dont il était le premier auteur ; et cette jeune femme le relevant pour le presser sur son cœur et lui jurant, comme il le lui **jure lui-même**, la plus constante tendresse.

Faber était bien heureux, et le cœur d'un homme honnête, dévoué, sensible, peut-il goûter une joie plus profonde, plus complète que celle qu'il éprouva alors ! Son œuvre était achevée et le Dieu de charité qui la lui avait inspirée, qui l'avait aidé à l'accomplir, l'avait inscrite au Livre de Vie. OEuvre magnifique, œuvre admirable, inaperçue aux yeux de la foule, qui réserve sa louange et sa périssable gloire à des œuvres dont les mérites humainement parlant, ne saurait être mise en parallèle avec cette entreprise hardie dont le succès inespéré fut, pour ainsi dire, arraché par la persévérance.

XIII

A toute histoire, il faut un épilogue. Après cette scène attendrissante, Faber ramena N.... chez lui, le vêtit convenablement et le conduisit chez son gendre. Celui-ci avait été graduellement informé de la vérité par sa femme. Il était un cœur droit, pieux, compatissant. Il reconnut dans ces évènements la main de Dieu et quand il vit son beau père s'avancer vers lui, il lui tendit cordialement une main franche que N.... saisit avec transport.

Quelques jours après, on fit part à un frère de N...., qui habitait une ville du Nord. du retour de celui-ci. M. N.... accourut, il pensait son frère mort depuis longtemps et faisait même dire des messes pour le repos de son âme. C'est donc à peine s'il pouvait croire au récit qui lui en était fait. Ce frère était un homme de bien qui témoigna une grande satisfaction du retour de l'Enfant prodigue. Il voulut célébrer cette réunion par le plus sublime des festins : tous deux s'agenouillèrent à la table sainte où les accompagnèrent d'autres membres de leur famille. On s'occupa ensuite de procurer à N.... les moyens de suffire à ses besoins. Faber, le Providentiel, Faber avait obtenu du Préfet que son protégé serait exempté de la surveillance. Néanmoins, craignant que N.... ne fît rencontre à Amiens de quelque libéré, on l'envoya dans un département voisin où on le soutint jusqu'à ce que l'exercice de son état de tailleur suffit à assurer son existence.

N.... était plus heureux qu'il ne l'avait été de sa vie : il avait la joie d'une bonne conscience, le plus précieux des trésors, le plus doux des oreillers. Il avait encore la tendresse de sa fille, le bon accueil de son mari, la parole bienveillante, le sourire amical de son cher protecteur ! Ah ! que de sujets d'allégresse, quelle précieuse moisson à remporter de chacun de ses voyages à Amiens. Enfin, après quelques années passées ainsi dans diverses villes des environs d'Amiens et ses forces commençant à décroître, son fidèle bienfaiteur le fit entrer à l'hospice de son pays natal. Il y mourut en 1857, plein de confiance en la miséricorde de Dieu, qui l'avait tiré de l'abîme ; qui avait sauvé à la fois son âme et son corps, et bénissant jusque dans l'éternité, celui à qui, après Dieu, il devait son salut.

XIV

Émilie a tenu ce que promettait sa pieuse et sage

jeunesse. Mère de famille respectée, elle a toujours cherché, avant toute chose le royaume de Dieu et sa justice, et dans une modeste proportion, suffisante à son humble et chrétienne ambition, elle a reçu « *le reste par surcroit.* » Mais ce qu'elle laissera de plus précieux dans son héritage, celui que chacun de nous doit souhaiter aux siens, ce sera sa foi vive, son espérance invincible, son ardente charité.

Et notre bon et généreux Faber ? Prudent dans les entreprises, courageux dans les dangers, patient dans les traverses, humble dans le succès, Faber ! Mais, pour se reposer de son entreprise, il s'est occupé d'une nouvelle entreprise du même genre ; puis, après celle-là de vingt autres et ce sera toujours ainsi jusqu'à la fin...

Heureux homme ! Homme étonnant ! Il ne connait ni les fatigues du corps, ni celles de l'esprit, ni moins encore celles du cœur. Il semble n'avoir en ce monde qu'une tâche, comme son divin maître : passer en faisant le bien ; qu'un but, qu'une joie suprême : lasser l'ingratitude elle-même à force de bienfaits.

Le Crotoy, 4 août 1866.

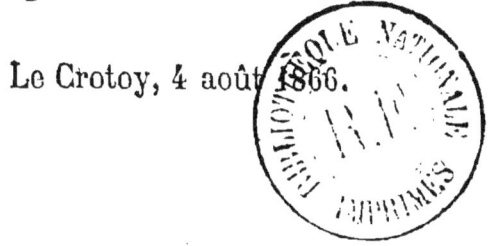

A. MILLET.

Amiens. — Typographie H. YVERT, rue des Trois-Cailloux, 64.

103

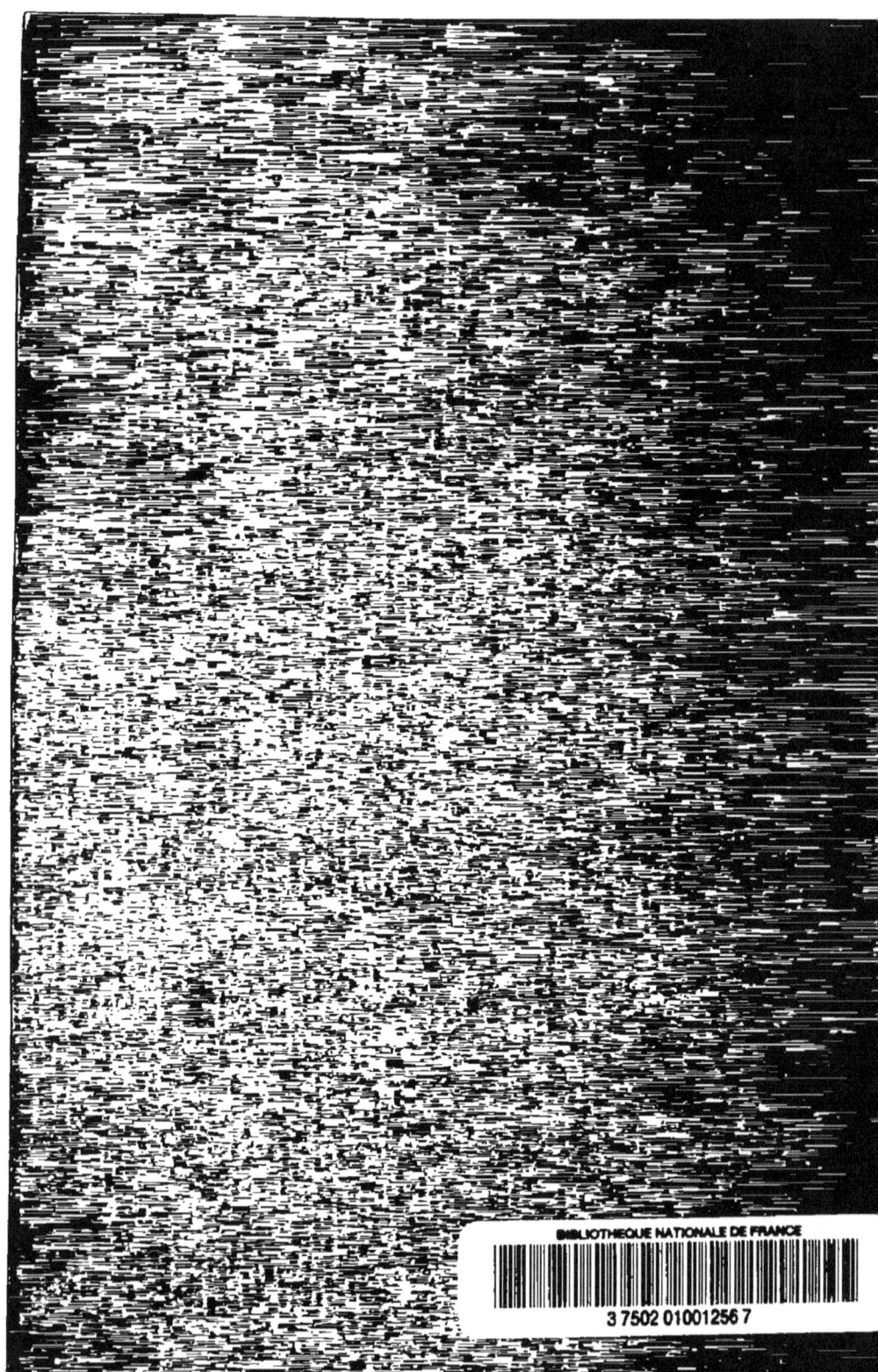